vente

Curso de español lengua extranjera

Libro de ejercicios

A1

Fernando Marín
Reyes Morales

edelsa
GRUPO DIDASCALIA, S.A.

Primera edición: 2017
Primera impresión: 2017

© Edelsa Grupo Didascalia, S.A. Madrid, 2017.

Autores: Fernando Marín, Reyes Morales.
Dirección y coordinación editorial: Departamento de Edición de Edelsa.
Diseño de cubierta: Departamento de Imagen de Edelsa.
Diseño y maquetación de interior: Departamento de Imagen de Edelsa.

Imprime: Egedsa.

ISBN: 978-84-9081-361-4
Depósito Legal: M-1997-2017

Impreso en España / *Printed in Spain*

Fuentes y créditos:
Fotografías: Photos.com

CD audio (locuciones):
Unidad 1 a 7: ALTA FRECUENCIA MADRID. Tel. 91 5195277, www.altafrecuencia.com
Voces de la locución: Arantxa Franco y José Antonio Páramo.
Unidad 8: Bendito Sonido.
Voces de la locución: Olga Hernangómez y Ángel Morón.

Notas:
- La editorial Edelsa ha solicitado los permisos de reproducción correspondientes y da las gracias a todas aquellas personas e instituciones que han prestado su colaboración.
- Las imágenes y los documentos no consignados más arriba pertenecen al Departamento de Imagen de Edelsa.
- Cualquier forma de reproducción de esta obra solo puede ser realizada con la autorización de la editorial, salvo excepción prevista por la ley. Diríjase a CEDRO (Centro Español de Derechos Reprográficos, www.cedro.org) si necesita fotocopiar o escanear algún fragmento de esta obra.

ÍNDICE

1 Identificarse **4**
- COMUNICACIÓN 4
- LÉXICO 5
- GRAMÁTICA 6
- COMPRENSIÓN AUDITIVA 8
- COMPRENSIÓN LECTORA 9
- PRONUNCIACIÓN Y ORTOGRAFÍA 9

2 Primer contacto **10**
- COMUNICACIÓN 10
- LÉXICO 11
- GRAMÁTICA 12
- COMPRENSIÓN AUDITIVA 14
- COMPRENSIÓN LECTORA 14
- PRONUNCIACIÓN Y ORTOGRAFÍA 15

Autoevaluación 1 y 2   **16**

3 Relaciones familiares **17**
- COMUNICACIÓN 17
- LÉXICO 18
- GRAMÁTICA 20
- COMPRENSIÓN AUDITIVA 22
- COMPRENSIÓN LECTORA 22
- PRONUNCIACIÓN Y ORTOGRAFÍA 23

4 En casa **24**
- COMUNICACIÓN 24
- LÉXICO 25
- GRAMÁTICA 27
- COMPRENSIÓN AUDITIVA 29
- COMPRENSIÓN LECTORA 29
- PRONUNCIACIÓN Y ORTOGRAFÍA 30

Autoevaluación 3 y 4   **31**

5 Por la ciudad **32**
- COMUNICACIÓN 32
- LÉXICO 33
- GRAMÁTICA 35
- COMPRENSIÓN AUDITIVA 37
- COMPRENSIÓN LECTORA 37
- PRONUNCIACIÓN Y ORTOGRAFÍA 38

6 Día a día **39**
- COMUNICACIÓN 39
- LÉXICO 40
- GRAMÁTICA 41
- COMPRENSIÓN AUDITIVA 44
- COMPRENSIÓN LECTORA 45
- PRONUNCIACIÓN Y ORTOGRAFÍA 46

Autoevaluación 5 y 6   **47**

7 La comida **48**
- COMUNICACIÓN 48
- LÉXICO 49
- GRAMÁTICA 52
- COMPRENSIÓN AUDITIVA 54
- COMPRENSIÓN LECTORA 54
- PRONUNCIACIÓN Y ORTOGRAFÍA 55

8 De vacaciones **56**
- COMUNICACIÓN 56
- LÉXICO 57
- GRAMÁTICA 59
- COMPRENSIÓN AUDITIVA 60
- COMPRENSIÓN LECTORA 61
- PRONUNCIACIÓN Y ORTOGRAFÍA 63

Autoevaluación 7 y 8   **64**

UNIDAD 1

IDENTIFICARSE

COMUNICACIÓN

Tu ficha

1. Completa con tus datos.

NOMBRE ....
APELLIDO(S) ....
....
NACIONALIDAD ....
RESIDENCIA ....
ESTUDIOS ....
PROFESIÓN ....

FOTO

¿Estudias o trabajas?

2. Relaciona las dos columnas.

a. Hola, ¿qué tal?
b. ¿Eres español?
c. ¿Estudias o trabajas?
d. ¿Cómo se llama esto en español?
e. ¿Vives en Barcelona?
f. ¿Cuál es tu apellido?
g. ¿*Bilbao* se escribe con *be* o con *uve*?

1. Martínez.
2. Se escribe con *be*.
3. Hola.
4. Sí, soy de Valencia.
5. Bolígrafo.
6. Estudio en la universidad.
7. No, vivo en Bilbao.

¿Quién eres?

3. Escribe las preguntas.

a. ¿..................? Me llamo Roxana García Moreno.
b. ¿..................? Erre-o-equis-a-ene-a.
c. ¿..................? Soy panameña.
d. ¿..................? Soy profesora de piano.
e. ¿..................? En una escuela de música.
f. ¿..................? Vivo en Panamá.
g. ¿..................? *Hispanoamérica* se escribe con *hache*.

Presentar

4. Presenta a Roxana.

Hola, te presento a Roxana. ....

4 cuatro

LÉXICO

¿Qué hacen?

1. Relaciona las profesiones con las fotografías.

> a. peluquero   b. camarera   c. artista   d. profesora   e. médico   f. veterinario

Adivina

2. ¿Cuál es su profesión?

a. Almudena trabaja en un banco. Es ....
b. Carlos trabaja en la cocina de un restaurante. Es ....
c. Sergio trabaja en una cadena de televisión. Es ....
d. Ángela trabaja en una comisaría. Es ....
e. Mi amigo Pedro trabaja en una escuela. Es ....
f. Su padre trabaja en una tienda de animales. Es ....
g. Francisco trabaja en un hospital. Es ....

¿Qué nacionalidad tienen?

3. Completa las frases con adjetivos de nacionalidad.

a. El profesor es .... (Argentina)
b. Chiara es .... (Italia)
c. Mario es .... (Portugal)
d. Paul es .... (Estados Unidos)
e. Violette es .... (Francia)
f. Akira es .... (Japón)
g. Kong es .... (China)

cinco 5

Torre del Oro. Sevilla (España)

Pregunta y respuesta

4. Escribe frases como en el ejemplo.

tú/español/Sevilla
- ¿Eres español?
- Sí, soy de Sevilla.

a. ella/francesa/Poitiers ....
b. él/venezolano/Maracaibo ....
c. tú/alemán/Berlín ....
d. él/marroquí/Casablanca ....
e. ella/colombiana/Bogotá ....
f. tú/peruana/Lima ....

GRAMÁTICA

¡A conjugar!

1. Escribe la conjugación.

	Habl __ r	Escrib __ r	Ser
(Yo)	habl __	escrib __	
(Tú)	habl __	escrib __	
(Él/ella/Ud.)	habl __	escrib __	
(Nosotros/as)	habl __	escrib __	
(Vosotros/as)	habl __	escrib __	
(Ellos/as/Uds.)	habl __	escrib __	

¿Cómo te llamas?

2. Escribe los pronombres adecuados.

		Llamarse
Yo	....	llamo
Tú	....	llamas
Él	....	llama
Nosotros	....	llamamos
Vosotros	....	llamáis
Ellos	....	llaman

¿De dónde son?

3. Completa las frases con formas del verbo *ser*.

a. ● ¿De dónde ...., Pedro?
   ● .... de Madrid.
b. ● ¿De dónde .... vosotros dos?
   ● .... mexicanos. Yo .... de Veracruz y Marta .... de Guadalajara.
c. Marta y Sergio no .... españoles, ... peruanos.
d. ● ¿De dónde .... tus amigos?
   ● .... españoles, de Andalucía.
e. En mi familia casi todos .... músicos. Mi padre .... pianista y mi madre .... violinista.
f. ● Carolina, ¿................. centroamericana?
   ● No, en realidad, ... norteamericana.
g. Los profesores de mi escuela .... ecuatorianos, de Quito.

6 seis

¿Qué verbo?

4. Completa el texto con los verbos adecuados: *ser, hacer, vivir, llamarse, trabajar*.

a. ● ¿Dónde ...., Noelia?
   ● .... en Salamanca.
   ● ¿Y qué ....?
   ● .... periodista. .... para un periódico deportivo.

b. ● Hola, ¿cómo (vosotros) ....?
   ● Yo me .... Sylvie. Esta .... mi amiga Stéphanie. .... estudiantes.
   ● ¿................ aquí en España?
   ● No, ... en Francia. .... francesas.

c. ● ¿De dónde .... ustedes?
   ● Nosotros .... de Irán, pero .... en Londres con nuestra familia. ¿Y ustedes de dónde ....?
   ● Yo .... marroquí y ella .... alemana. .... en una escuela de danza.

d. ● María, ¿tú .... en el centro de Barcelona?
   ● No, yo .... a 20 kilómetros del centro, pero .... en Barcelona, en una cafetería, soy camarera.

En orden

5. Forma frases ordenando los elementos correctamente.

a. de/es/¿/Lorena/y/?/dónde   ....
b. se/en/español/cómo/¿/dice/*man*/?   ....
c. qué/estudias/?/trabajas/haces/Laura,/o/¿   ....
d. ?/español/eres/de/¿/estudiante   ....
e. se/apellido/cómo/escribe/¿/?/tu   ....
f. Abdul/¿/?/marroquí/es/francés/o   ....
g. llamo/hola,/me/Lucía   ....

Relaciona

6. Forma seis frases correctas con palabras de cada columna.

a. Yo	trabajan	en	un	argentinas
b. Luis	sois	de	una	Argentina
c. Luisa	vive	∅	∅	hospital
d. Nosotros	somos			argentinos
e. Luisa y María	trabajo			oficina
f. Vosotras	es			

¿Quién es?

7. Escribe los pronombres sujeto.

a. .... soy uruguaya, pero .... es argentino.
b. ¿Dónde trabajáis .... ? ¿En una tienda o en un supermercado?
c. .... viven en Sausalito, California.
d. .... nos llamamos Hernández de apellido.
e. ¿................ eres veterinario o médico?
f. .... es mexicana, de Mérida.
g. ¿................ trabajan nueve horas al día?

Presentarse

8. Completa el texto con la forma verbal adecuada.

Hola, (llamarse) .... Paloma. (Ser) .... de Madrid, pero (vivir) .... y (trabajar) .... en Granada, una ciudad muy bonita y con mucha historia en el sureste de España. Mi marido Tomasso y yo (trabajar) .... en una agencia de viajes, (llamarse) .... Viajes Sol y Mar. Mi marido no (ser) .... español, (ser) .... argentino, de Córdoba. Sus padres (ser) .... italianos y (vivir) .... en Italia.

COMPRENSIÓN AUDITIVA

En clase de español

1. Escucha y relaciona cada foto con una frase.

En la biblioteca

2. Escucha la conversación y rellena la tarjeta.

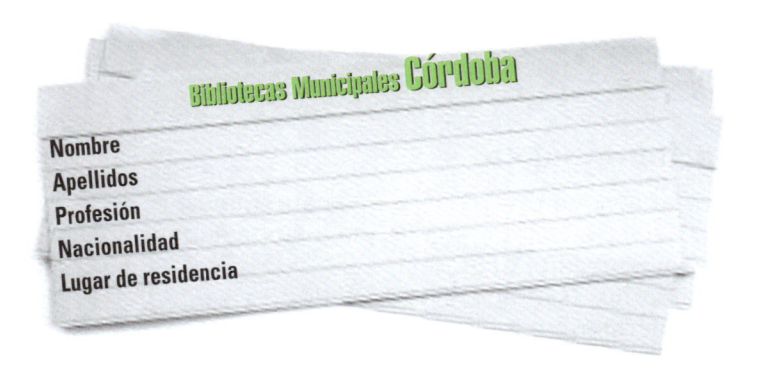

Bibliotecas Municipales Córdoba

Nombre
Apellidos
Profesión
Nacionalidad
Lugar de residencia

COMPRENSIÓN LECTORA

¿Quiénes son?

Lee el texto y contesta las preguntas.

Laura y Victoria son unas estudiantes chilenas. Son de Viña del Mar. Viven en España, en Sevilla. Estudian Periodismo. Laura también es profesora. Da clases de guitarra. Trabaja en una escuela de música.

Victoria tiene un apellido alemán, Schiffer, pero ella no habla alemán. Ella y Laura son buenas amigas.

a. ¿De dónde es Laura? ¿Y Victoria?
b. ¿Dónde viven?
c. ¿Qué estudian?
d. ¿Qué hace Laura también?
e. ¿Dónde trabaja?
f. ¿De dónde es el apellido de Victoria?
g. ¿Cómo se escribe su apellido con una *efe* o con dos *efes*?

PRONUNCIACIÓN Y ORTOGRAFÍA

En voz alta

1. Primero deletrea, luego, escucha y escribe la letra correspondiente.

☐ Martínez ☐ Castaño ☐ Navarro ☐ Tegucigalpa
☐ Quito ☐ Julia ☐ Nueva York ☐ México

Puntuar

2. Escribe las mayúsculas, los puntos y los signos de interrogación que faltan.

Pedro: hola, cómo te llamas
Alicia: me llamo Alicia, y tú
Pedro: yo, Pedro qué haces, Alicia estudias o trabajas
Alicia: trabajo en una peluquería, soy peluquera
Pedro: yo soy cocinero trabajo en un restaurante mexicano
Alicia: tú eres mexicano
Pedro: no yo soy argentino tú, de dónde eres
Alicia: yo soy ecuatoriana, pero vivo en Estados Unidos, en Nueva York
Pedro: qué bien yo vivo en España, en Toledo

nueve 9

UNIDAD 2

PRIMER CONTACTO

COMUNICACIÓN

Ficha personal

1. Completa la ficha con las palabras del recuadro.

632169543   Clínica La Milagrosa
Barcelona   Nicolás Ferrer Castelvill
catalán, español e italiano
nicofercas@yahoo.es
médico   española

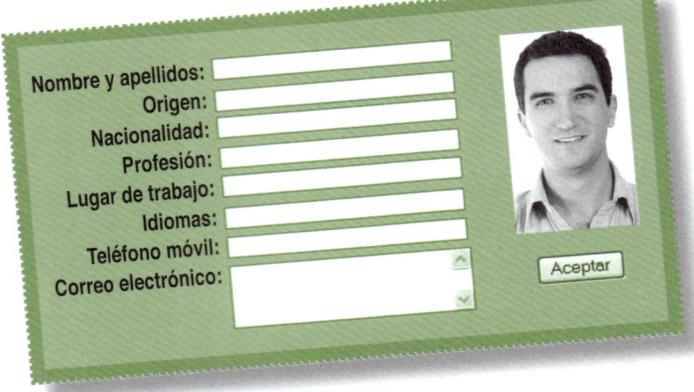

Nombre y apellidos:
Origen:
Nacionalidad:
Profesión:
Lugar de trabajo:
Idiomas:
Teléfono móvil:
Correo electrónico:

Presentación

2. Escribe un pequeño texto con la información de arriba presentando a Nicolás.

Mi amigo se llama Nicolás ....
....

¿Quién eres?

3. Escribe las preguntas usando la forma *tú*.

a. ¿..? Me llamo Isabel.
b. ¿..? Soy abogada.
c. ¿..? De La Paz, Bolivia.
d. ¿..? Vivo en La Paz.
e. ¿..? No, no trabajo en un despacho de abogados.
f. ¿..? Trabajo desde casa por Internet.
g. ¿..? Sí, hablo inglés y portugués.

¿Y usted?

4. Escribe otra vez las preguntas utilizando la forma *usted*. Contesta hablando de ti.

a. ¿..? ....
b. ¿..? ....
c. ¿..? ....
d. ¿..? ....
e. ¿..? ....
f. ¿..? ....
g. ¿..? ....

10 diez

Formal o informal

5. Relaciona las dos columnas y di qué frases son formales. [F]

a. Te presento a mi jefe, don Carlos.
b. Esta es mi amiga Eva.
c. Buenos días, señores y señoras.
d. ¿A qué os dedicáis?
e. ¿Tus amigos son chilenos?
f. ¿Su madre es escultora?
g. ¿Tienes Internet en el móvil?

1. No, es pintora.
2. Mucho gusto.
3. ¡Hola! ¿Qué tal?
4. No, mi móvil es antiguo.
5. Buenos días.
6. Sí, son de Santiago de Chile.
7. Somos médicos.

LÉXICO

¿Qué hacen?

1. Une las tres columnas.

a. El/La panadero/a
b. El/La cantante
c. El/La pintor/-a
d. El/La actor/actriz
e. El/La camarero/a

trabaja
pinta
actúa
hace
canta

en un bar
en el cine o en el teatro
cuadros
canciones
pan

Objetos cotidianos

2. Relaciona los objetos con las fotografías.

a. teléfono móvil   b. libro electrónico   c. tarjeta de crédito   d. ordenador   e. fax

once 11

Hola, ¿qué tal?

3. Saluda según las horas del reloj.

a. pm
b. am
c. pm
d. pm
e. pm
f. am

¿Me das tu número?

4. Escribe en letra estos números de teléfono.

a. móvil de Paco: 659 73 23 31
b. teléfono de casa: 91 542 32 98
c. teléfono del trabajo: 91 354 86 34
d. teléfono del colegio: 91 423 76 54
e. Emergencias: 112

GRAMÁTICA

¡A conjugar!

1. Completa el cuadro con las formas verbales y el pronombre.

	Estudiar	Vender
(Yo)	estudio	
....		vendes
(Él/ella/Ud.)	estudia	
....		vendemos
(Vosotros/as)	estudiáis	
....		venden

¿Qué verbo?

2. Elige la forma correcta de *estudiar* o *vender*.

a. Encarna .... italiano en la universidad.
b. Las panaderías .... pan y dulces.
c. ¿Vosotros .... en esta escuela?
d. Nosotros .... libros de segunda mano.
e. María, ¿.................... tu casa?
f. Mis alumnos de Historia .... todos los días.
g. Yo .... español en Venezuela.

doce

Presentaciones

3. Completa los diálogos con *ser* o el verbo entre paréntesis.

a. ● Buenos días, don Esteban. Esta .... la señora López, Claudia López.
   ● Encantado.
   ● Encantada.
   ● ¿................... usted la directora del colegio?
   ● Bueno, yo .... la subdirectora. La directora y yo .... compañeras y amigas. En este momento, ella está ocupada. ¿En qué puedo ayudarle?

b. ● ¿Vosotros .... brasileños?
   ● No, ... argentinos, pero (vivir) .... y (trabajar) .... en Río de Janeiro.
   ● ¿Qué hacéis?
   ● Nosotros .... agentes inmobiliarios. (Vender) .... casas y apartamentos.

c. ● ¿................... ustedes alumnos de la Escuela Oficial de Idiomas?
   ● Sí, de Básico II.
   ● ¿De dónde ...., por favor?
   ● .... marroquíes.
   ● ¿Dónde (vivir) ....?
   ● (Vivir) .... en el centro de la ciudad, en la calle Mayor.

Esta es Carmen

4. Elige la forma adecuada.

a. *Este/Esta/Estos/Estas* son Marcela y Pedro. Los dos *es/son* ecuatorianos y *son/es* profesores. Marcela *es/son* profesora de español y Pedro *son/es* profesor de Matemáticas.
b. *Este/Esta/Estos/Estas* cantantes *es/son* de Canadá. *Tiene/Tienen* un grupo de música *rock*. *Actúa/Actúan* en ciudades europeas y norteamericanas.
c. *Este/Esta/Estos/Estas* alumna *es/son* muy amable. *Es/Son* muy trabajadora. *Estudia/Estudian* mucho todos los días. *Es/Son* mi preferida.
d. *Este/Esta/Estos/Estas es/son* el señor y la señora García. *Es/Son* nicaragüenses. *Vive/Viven* en Managua con su familia y *tiene/tienen* una frutería en el centro de la ciudad.

¿Cuál es su nacionalidad?

5. A. Escribe los adjetivos de nacionalidad.

	masculino singular	femenino singular	masculino plural	femenino plural
a. Chile	....	....	....	....
b. Argentina	....	....	....	....
c. España	....	....	....	....
d. Polonia	....	....	....	....
e. Marruecos	....	....	....	....
f. Italia	....	....	....	....

B. Ahora completa las frases con la forma correcta.

a. Ahmed es .... Vive en Casablanca con su familia.
b. Alessandra y Stefano son .... Trabajan en un banco en Turín.
c. Antonio y Rodolfo son .... Estudian en una residencia en Santiago de Chile.
d. Rocío es .... Es profesora de español en Sevilla.
e. Nikolai es .... Trabaja con su padre en una tienda en Varsovia.
f. Corina y Manuel son .... Viven en Buenos Aires en un apartamento en el centro.

Vacaciones en Ibiza

6. Rellena el texto con las palabras del recuadro.

> español   Es   alemanes   Está   ingleses   mis   Dinamarca   llama   idioma

En agosto (a) .... compañeros de trabajo y yo vamos de vacaciones a una isla española. Se (b) .... Ibiza, es una de las famosas Islas Baleares. (c) .... en el mar Mediterráneo. (d) .... una isla preciosa. Hay muchos turistas (e) ...., del sur de Alemania e (f) ...., de Londres principalmente. También hay gente del norte de Europa como por ejemplo de (g) .... Casi todo el mundo habla inglés allí porque es un (h) .... muy internacional. ¡Ah! Y por supuesto (i) .... Recuerda que Ibiza es una isla española.

Ibiza (España)

COMPRENSIÓN AUDITIVA

Buenos días

4

Escucha estos minidiálogos y relaciónalos con las fotos.

COMPRENSIÓN LECTORA

Un amigo hispanoamericano

1. Lee la primera parte del texto y contesta las preguntas.

> José Ignacio Martínez Cruz es de Quito, Ecuador, pero trabaja en Puerto Rico. Su familia vive en San Juan. Él es empleado de banca y trabaja en un banco norteamericano. Habla tres idiomas: inglés, francés y, por supuesto, español. Sus compañeros de trabajo son de Estados Unidos o de Latinoamérica.

a. ¿Es José Ignacio ecuatoriano o portorriqueño? ....
b. ¿Dónde vive su familia? ....
c. ¿A qué se dedica él? ....
d. ¿Cuántos idiomas habla? ....
e. ¿De dónde son sus compañeros de trabajo? ....

Compañeros de trabajo

2. Sigue leyendo y corrige la información.

> José Ignacio nos presenta a dos de sus compañeros del banco, a Susan Grafton, de Los Ángeles, en los Estados Unidos, y a Juan Antonio, de San Salvador. Susan es traductora, traduce textos económicos del inglés, portugués, y del ruso. Juan Antonio es recepcionista del banco y contesta el teléfono, hace fotocopias y manda faxes. Los tres son muy buenos amigos y salen juntos por ahí después del trabajo.

a. Susan y Juan Antonio son centroamericanos. ....
b. Susan traduce textos literarios. ....
c. Juan Antonio es recepcionista en un hotel. ....
d. José Ignacio, Susan y Juan Antonio no son buenos amigos. ....

PRONUNCIACIÓN Y ORTOGRAFÍA

El acento

1. Escucha y subraya la sílaba acentuada.

a. escritor   b. supermercado   c. recepcionista   d. colombiano   e. compañera   f. extranjeros
g. taxista   h. bonito   i. alumna   j. trabajar

Entonación

2. Escucha y repite.

a. ● ¿María es la recepcionista de este hotel?
   ○ No, trabaja en el restaurante, es camarera.
b. ● ¿Son ustedes españoles?
   ○ Sí, somos de Sevilla.
c. ● ¿A qué se dedica Sebastián?
   ○ Es arquitecto.
d. ● ¿Está abierto el banco?
   ○ No, está cerrado.
e. ● ¿Vosotras vivís en Paraguay?
   ○ No, ahora vivimos en Uruguay.
f. ● ¡Hola, buenos días!
   ○ Buenos días, Elisa.

¿Lleva tilde?

3. Escribe las tildes.

a. Panama
b. periodico
c. cafe
d. telefono
e. adios
f. marroqui
g. frances
h. te
i. numero
j. medico
k. direccion

Puntuar

4. Escribe las mayúsculas y los puntos.

Amelia y Pedro nos hablan de sus actores preferidos.

● mi actriz preferida es elsa pataky es española, pero vive en estados unidos es muy buena actriz actúa en muchas películas está casada su marido es australiano tienen hijos

● pues mi actor favorito es benicio del Toro es también productor de películas es portorriqueño y español sus películas son muy buenas actúa muy bien como por ejemplo en el papel del Che Guevara

quince 15

AUTOEVALUACIÓN

Portfolio: evalúa tus conocimientos

Después de las unidades 1 y 2

Fecha: ....

Nivel alcanzado

Insuficiente | Suficiente | Bueno | Muy bueno

💬 COMUNICACIÓN

Soy capaz de saludar, presentar e identificar a otros
Escribe las expresiones:

Soy capaz de dar y pedir información personal
Escribe las expresiones:

Soy capaz de preguntar cómo se dice algo en español
Escribe las expresiones:

Soy capaz de saludar de manera formal e informal
Escribe las expresiones:

✏️ GRAMÁTICA

Puedo distinguir masculino y femenino de nombres y adjetivos y formar el plural
Escribe algunos ejemplos:

Puedo usar los verbos *hablar, escribir, llamarse* y *ser* en presente
Escribe algunos ejemplos:

Puedo usar los interrogativos
Escribe algunos ejemplos:

Puedo utilizar los pronombres demostrativos
Escribe algunos ejemplos:

Puedo conjugar verbos regulares -AR, -ER, -IR en presente
Escribe algunos ejemplos:

📁 LÉXICO

Conozco las nacionalidades
Escribe las palabras que recuerdas:

Conozco los nombres de profesiones
Escribe las palabras que recuerdas:

Conozco los saludos y las despedidas
Escribe las palabras que recuerdas:

Conozco los números de 0 a 10
Escribe las palabras que recuerdas:

16 dieciséis

UNIDAD 3

RELACIONES FAMILIARES

COMUNICACIÓN

Tus rasgos físicos

1. Completa esta ficha de identificación.

Nombre: ....
Edad: ....
Color/extensión de pelo: ....
Color de ojos: .... Tamaño de ojos: ....
Estatura: 1 metro .... centímetros.
Peso: .... kilos.
Aspecto: *delgado/normal/gordo*
Otros datos: *gafas/bigote/barba/perilla*

¿Cómo eres físicamente?

2. Ahora escribe una pequeña descripción de ti mismo.

Me llamo .... y tengo .... años. Mi pelo es ....
...

¿Cómo son?

3. Observa las fotos y describe a estas personas.

Alejandro ....

Alicia ....

Fernando ....

diecisiete 17

Tu árbol genealógico

4. Escribe unas líneas sobre tu familia y preséntala.

Esta es mi familia. Mi abuelo/a se llama ...., mi madre/padre ...., mi hermano/a ...., mi mujer/marido ...., mi hijo/a ...., mi tío/a ...., mi primo/a ....

Así es mi familia

5. Relaciona las dos columnas.

a. ¿Cómo es tu padre?
b. ¿Lleva barba tu profesor?
c. ¿Qué edad tiene tu madre?
d. ¿Cómo se llaman tus hermanos?
e. ¿Tienes muchos primos?
f. ¿Cómo son tus amigos?

1. Muy simpáticos y generosos.
2. Alto y un poco gordo.
3. Sí, tres primos y cuatro primas.
4. Cincuenta y cuatro años.
5. Enrique y Carmen.
6. No, ahora lleva bigote.

Preguntas y respuestas

6. Escribe la pregunta o la respuesta que falta.

a. ¿Cómo se llama tu profesor?
b. ¿........................?
c. ¿Cómo son tus hermanos?
d. ¿........................?
e. ¿Eres trabajador o vago?
f. ¿........................?

1. ....
2. Mi padre tiene cincuenta y cinco años.
3. ....
4. Nuestra madre no lleva gafas.
5. ....
6. Salgo con mis amigos los sábados.

LÉXICO

¿Soltera o casada?

1. Completa las frases con estas palabras: *soltera, joven, cuñada, suegro, casado, mayor*.

a. Mi abuelo es bastante .... Tiene 90 años.
b. La hermana de mi marido es mi ....
c. Lucía está .... No tiene planes de casarse.
d. El padre de mi mujer es mi ....
e. Begoña es muy .... Tiene solo 15 años, pero parece que tiene más.
f. Mi amigo Vicente está .... y tiene tres hijos.

En la familia

2. Relaciona las dos columnas.

a. ¿Su tío está viudo?
b. ¿Cómo es el profesor?
c. ¿Cuántos años tiene usted?
d. ¿Tu hermana es muy inteligente?
e. ¿Tus padres están divorciados?
f. ¿Está soltera?

1. Normal, ni alto ni bajo.
2. Uf, yo soy muy mayor.
3. Sí, están divorciados.
4. Sí, su mujer murió.
5. Bueno, es trabajadora.
6. Sí, no está casada.

¿Cuánto valen estas cosas?

3. Escribe el precio en letra.

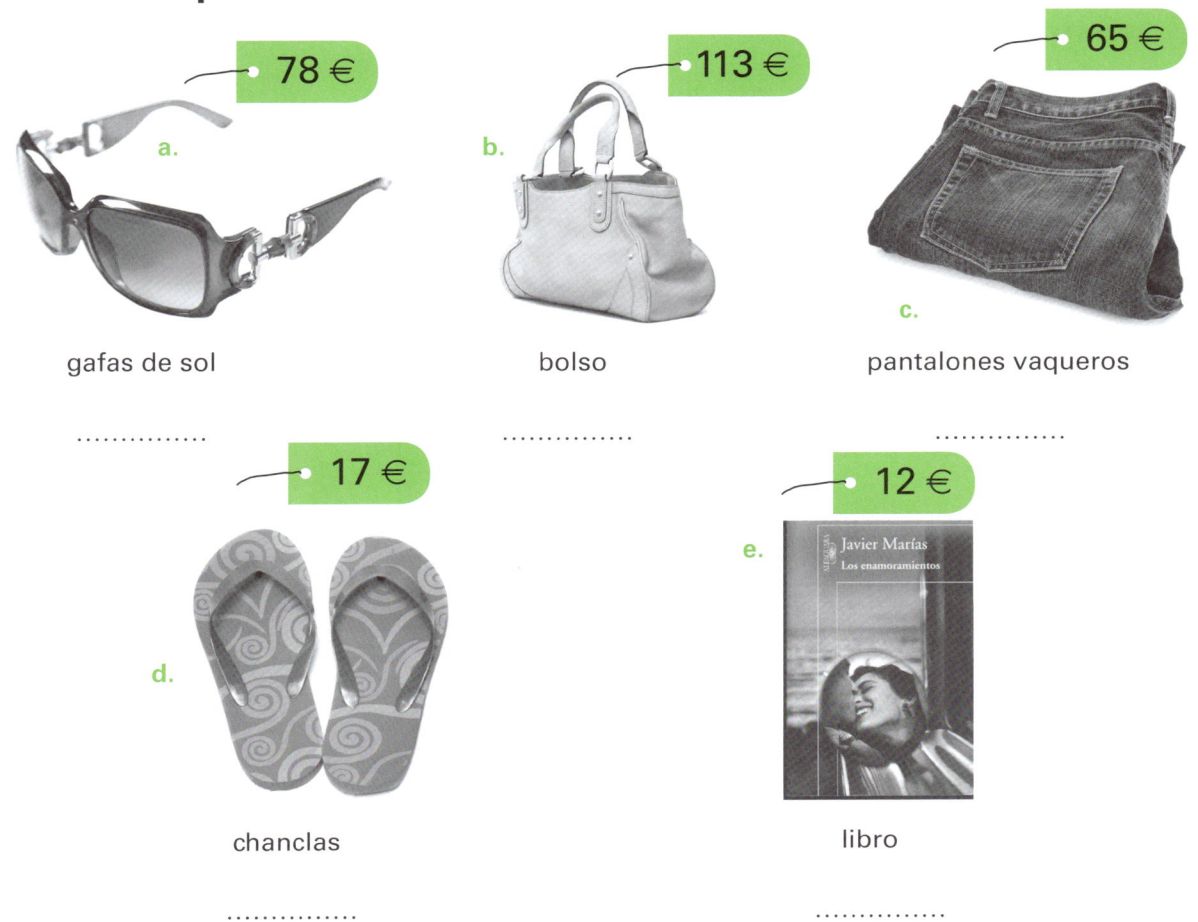

a. gafas de sol — 78 €

b. bolso — 113 €

c. pantalones vaqueros — 65 €

d. chanclas — 17 €

e. libro — 12 €

Información personal

4. Contesta las preguntas.

a. ¿Cuál es tu número de teléfono móvil?

b. ¿Y tu número de teléfono de casa?

c. ¿Qué edad tiene tu madre?

d. ¿A qué edad empiezas la universidad en tu país?

e. ¿A qué edad la terminas normalmente?

f. ¿Cuántos años tienen tus abuelos?

g. ¿Cuántos hermanos tienes?

h. ¿En qué número vives?

diecinueve 19

GRAMÁTICA

Masculino o femenino

1. Elige el género adecuado.

a. Encarna es una chica alt… y un poco gord… .
b. Su tía es norteamerican… y su tío es sudamerican… .
c. Todos mis hermanos tienen los ojos oscur… y el pelo lis… .
d. Mi profesor de español es muy divertid… y hablad… .
e. En mi familia todas las mujeres tenemos el pelo rubi… y somos baj… .
f. Nuestros amigos son bastante inteligent… y generos… .
g. Mi mejor amiga es guap…, simpátic… e inteligent… .
h. Mi perro es pequeñ… y cariños… .

El artículo determinado

2. Escribe el artículo determinado adecuado.

a. …… madre de mi madre es mi abuela.
b. …… hermano de mi marido es mi cuñado.
c. …… hijos de mi hermana son mis sobrinos.
d. …… hijas de mis tíos son mis primas.
e. …… hermanas de mi padre son mis tías.
f. …… mujer de mi hermano es mi cuñada.
g. …… marido de mi madre es mi padre.
h. …… hija de mi madre es mi hermana.

Para referirte a los dos sexos

3. Escribe la forma correcta.

a. El padre + la madre = …………………
b. La hija + el hijo = …………………
c. El hermano + la hermana = …………………
d. La tía + el tío = …………………
e. El primo + la prima = …………………
f. El abuelo + la abuela = …………………
g. La suegra + el suegro = …………………
h. El cuñado + la cuñada = …………………

La contracción del artículo

4. Subraya la forma correcta *al*, *a la*, *del* o *de la*.

a. Voy *al/a la* parque los domingos.
b. Salimos *del/de la* colegio a las cinco.
c. ● ¿Vas *al/a la* universidad todos los días?
   ● Sí, y cuando salgo *del/de la* universidad, me voy *al/a la* gimnasio.
d. ¿Vais *al/a la* cine hoy?
e. ¿A qué hora sales *del/de la* trabajo?
f. Mi abuelo sale *del/de la* hospital mañana.
g. Salgo *del/de la* ducha y me voy.
h. Voy *al/a la* piscina todos los miércoles.

Tus familiares

5. Elige la opción correcta.

a. Nuestros *padre/padres* viven en Granada.
b. Vuestras *hermanas/hermana* tienen el pelo rizado y moreno.
c. Mis *tíos/tías* son altos y llevan gafas.
d. Nuestra *madres/madre* es muy guapa.
e. Mi *familia/familias* es muy grande.
f. Nuestros *primas/primos* se llaman Antonio y Francisca.

Tener, hacer y *salir*

6. Completa con la forma adecuada.

a. Mi amiga Marta (tener) .... el pelo muy largo.
b. ● ¿Qué (hacer) .... tu hermano?
   ● Es músico.
c. ● ¿Vosotros (salir) .... de clase de italiano a las dos?
   ● Sí.
d. El domingo nosotros (hacer) .... muchas cosas.
e. ¿Cuándo (salir) .... tus padres del trabajo?
f. Yo no (tener) .... amigos en la universidad.
g. Mi tío (hacer) .... una fiesta por su cumpleaños.

¿Es tu marido?

7. Completa con el posesivo adecuado.

a. La familia de Arturo. .... familia
b. Los libros de Carmen y Pilar. ..... libros
c. Mi casa y la de mis padres. ..... casa
d. Tú tienes dos móviles . ..... móviles
e. Mis amigos y los de mis hermanos. ..... amigos
f. Vosotros tenéis dos televisiones. ..... televisiones

El verbo adecuado

8. Completa las frases con *tener*, *llevar* y *ser*.

a. Julieta .... baja y delgada.
b. Nuestro padre .... gafas para leer.
c. Su amiga .... el pelo moreno y rizado.
d. Mi hermana .... muy sociable.
e. Vuestro tío José .... barba.
f. Marian .... los ojos grandes y oscuros.
g. Mi hermano .... divertido e inteligente.

COMPRENSIÓN AUDITIVA

Tres chicas

Escucha y escribe el nombre de cada una.

COMPRENSIÓN LECTORA

Cambios en la sociedad

Lee el texto y contesta.

Nuevas familias

Pilar y Ángel ahora están divorciados. Sus hijos Emilio y Álvaro viven con su madre y la actual pareja de esta, Carlos. Este tiene una hija, se llama Maribel y vive con él, Pilar, Emilio y Álvaro. Todos forman una gran familia, se quieren mucho y se respetan. Emilio y Álvaro tienen 17 y 16 años. Maribel tiene 14. Es muy guapa. Tiene el pelo largo y liso. Pero lo más importante es que es una chica muy sociable y abierta. Tiene muchos amigos. Emilio y Álvaro son muy diferentes de carácter. Emilio es un poco tímido y callado. Por el contrario, Álvaro es hablador y muy divertido. Los tres hacen muchas cosas juntos: salen a pasear por el monte los fines de semana, van al cine, salen con los amigos y pasan mucho tiempo conectados a Internet o en las redes sociales.

a. ¿Cómo se llaman los padres de Emilio y Álvaro? ....
b. ¿Quién es Carlos? ....
c. ¿Con quién vive Maribel? ....
d. ¿Quién es el mayor de los tres: Maribel, Álvaro o Emilio? ....
e. ¿Cómo es Maribel físicamente? ¿Y qué carácter tiene? ....
f. ¿Y Emilio y Álvaro son parecidos o diferentes? Da ejemplos. ....
g. ¿Qué tipo de cosas hacen los tres juntos? ....
h. ¿A qué actividad dedican demasiado tiempo? ....

PRONUNCIACIÓN Y ORTOGRAFÍA

El acento

8

1. Escucha y subraya la sílaba acentuada.

a. cuñada
b. joven
c. delgado
d. vago
e. quince
f. trabajador
g. setenta
h. sensible
i. deportista
j. mayor

En voz alta

9

2. Ahora escucha y repite las frases.

a. Mi cuñada es muy joven.
b. El deportista es delgado y trabajador.
c. ¿Tu hermano tiene quince años?
d. Nuestro amigo es sensible, pero un poco vago.
e. Su abuela tiene setenta años. No es muy mayor.

veintitrés 23

UNIDAD 4

EN CASA

COMUNICACIÓN

Se vende o se alquila

1. Imagina que quieres vender o alquilar tu casa, rellena la ficha.

fotocasa.es

Tipo de vivienda: apartamento, piso, chalé, ático.
Metros cuadrados: ……… m² (grande, mediano, pequeño)
Años: más de 50 años, de 10 a 50, de 5 a 10, de 1 a 5, menos de un año.
Estado: nuevo, seminuevo, antiguo.
Localización: céntrico, a las afueras, en el campo/la playa/la montaña.
Exterior, interior.
Nº de habitaciones: ………, nº de cuartos de baño/aseos:
Extras: ascensor, garaje, terraza/balcón, calefacción, aire acondicionado, piscina, jardín, patio.
Precio de venta: ………………
Precio de alquiler mensual: ………………

Describir una vivienda

2. Relaciona las dos columnas.

a. ¿En qué tipo de casa vives?
b. ¿Vives solo/a?
c. ¿Cuántos metros tiene tu casa?
d. ¿Es muy antigua tu casa?
e. ¿En qué piso vives?
f. ¿Está en el centro?
g. ¿Cuántos cuartos de baño tiene tu casa?

1. No, es bastante moderna.
2. No, vivo con unas amigas.
3. Bueno, está bastante cerca del centro.
4. En un apartamento.
5. En el tercero izquierda.
6. Es muy pequeña, unos 50 m².
7. Tiene solo uno.

¿Cómo es tu casa?

3. Ahora escribe un pequeño texto contestando las preguntas del ejercicio 2.

Ejemplo: *Vivo en un piso grande con mis padres* ....
....

Sitúa estos muebles

4. Mira el plano y contesta las preguntas. Utiliza *al lado de, a la derecha de, a la izquierda de, entre, enfrente de, detrás de, delante de*.

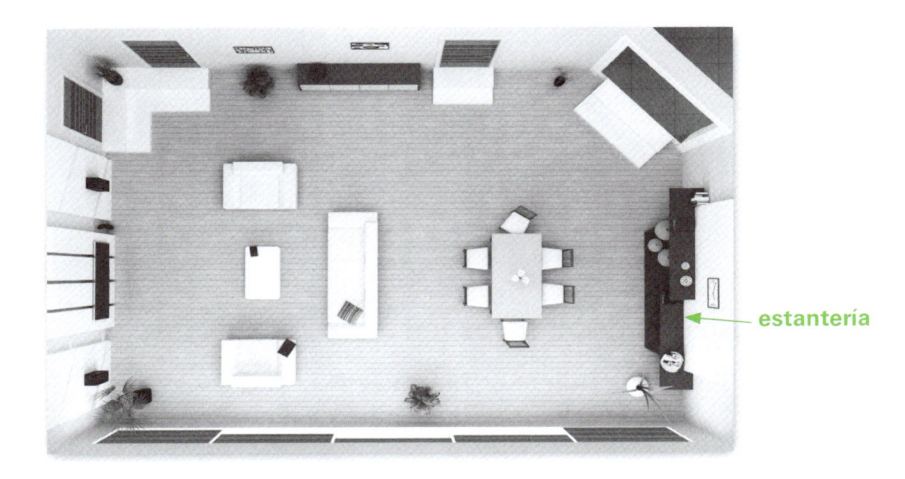

estantería

a. ¿Dónde está la televisión? ....
b. ¿Dónde están la mesa y las sillas? ....
c. ¿Dónde están los sillones? ....
d. ¿Dónde está la mesita del salón? ....
e. ¿Dónde está el sofá? ....
f. ¿Dónde está la estantería? ....
g. ¿Dónde están las sillas? ....

LÉXICO

En la casa

1. Relaciona las palabras con las fotografías.

a. ascensor
b. aire acondicionado
c. terraza
d. jardín
e. balcón
f. garaje
g. calefacción central
h. piso exterior

Moderna o clásica

2. Escribe los contrarios.

a. grande ....
b. silencioso/a ....
c. nuevo/a ....
d. caluroso/a ....
e. exterior ....
f. feo/a ....
g. mucha luz ....
h. alegre ....

Describe la casa

3. Completa las frases con los adjetivos del ejercicio anterior.

a. Mi casa solo tiene un dormitorio, un baño, una cocina y un salón-comedor. Es ....
b. No tenemos calefacción central y en invierno es muy ....
c. Por el contrario, en verano es muy ...., pero tenemos aire acondicionado.
d. Desde las ventanas vemos la calle porque es un piso ....
e. Tiene aproximadamente cuarenta años, es bastante ....
f. En mi calle hay muchos bares y discotecas, por eso es muy ....
g. A mí no me gustan los pisos con ....

¿Dónde están estos muebles u objetos?

4. Escribe el nombre de la habitación adecuada y sitúalos.

> el frigorífico   el espejo   la cama   la mesa   el armario
> la estantería   la mesa y las sillas   el sofá   la televisión   el horno
> la bañera   el sillón   el ordenador   la silla

a. En ....
b. En ....
c. En ....
d. En ....

Los números ordinales

5. Escribe los que corresponden a las siguientes abreviaturas.

1.º ....
2.º ....
3.º ....
4.º ....
5.º ....
6.º ....
7.º ....
8.º ....
9.º ....
10.º ....

GRAMÁTICA

¿Cuánto?

1. Completa con *cuánto/a/os/as* y relaciona las preguntas con las respuestas.

a. ¿............. habitaciones tiene tu casa?
b. ¿............. cuartos de baño hay?
c. ¿............. amigas tienes en la universidad?
d. ¿............. es el alquiler del apartamento?
e. ¿............. gente estudia español en tu escuela?
f. ¿............. metros tiene la vivienda?
g. ¿............. casas hay en el edificio?

1. Muchas. Son 24 pisos.
2. Solo dos. Es un apartamento.
3. 600 euros al mes.
4. ¿Amigas? Bastantes.
5. Muchos. Unos 200 metros cuadrados.
6. Un cuarto de baño grande y uno pequeño.
7. Mucha gente, el 70 %.

La pregunta adecuada

2. Lee las respuestas y escribe las preguntas.

a. ¿ .... ? El cuarto de baño está al fondo del pasillo.
b. ¿ .... ? En el quinto derecha.
c. ¿ .... ? Mi piso nuevo es muy luminoso.
d. ¿ .... ? La tele está enfrente del sofá.
e. ¿ .... ? No conozco a mis vecinos, son muy silenciosos.
f. ¿ .... ? Hay pocos muebles en mi casa.
g. ¿ .... ? No sé, muchas, hay muchas ventanas.

El grado de intensidad

3. A. Escribe el grado de intensidad en su sitio.

Con el adjetivo *tranquilo:* nada tranquilo, bastante tranquilo, poco tranquilo, muy tranquilo, tranquilo.

```
++   ...............................................
 +   ...............................................
 0   ...............................................
 -   ...............................................
- -  ...............................................
```

B. Lee las frases y elige el grado de intensidad y un adjetivo.

> ruidoso/a   tranquilo/a   grande   pequeño/a   caluroso/a   feo/a   luminoso/a

a. Mi país es .... + ... Tiene 45 millones de habitantes.
b. Nuestro piso es .... ++ .... Por eso tenemos aire acondicionado.
c. Nuestra zona no es .... - - .... No hay bares ni cafeterías.
d. Este dormitorio es .... ++ .... Solo tiene una cama y una silla.
e. El recibidor es .... - .... No tiene ventanas ni luz natural.
f. Su apartamento es .... + ... Los muebles son viejos y los cuadros, horrorosos.
g. Nuestra ciudad es .... 0 .... en verano. No vienen muchos turistas.

¿Ser o estar?

4. Elige la forma correcta.

a. La cocina .... al lado del comedor.
b. Nuestros vecinos .... bastante ruidosos.
c. Vuestra calle .... muy tranquila, no hay ruidos ni coches.
d. La tele .... entre la mesa y el sillón.
e. Su apartamento no .... nada silencioso. .... en el centro de la ciudad.
f. Mi escuela .... muy fría, pero tenemos calefacción.
g. Tu casa tiene mucha luz porque .... exterior.

¡A conjugar!

5. Completa las conjugaciones.

	Venir	Poner	Saber
(Yo)			
(Tú)			
(Él/ella/Ud.)	viene	pone	sabe
(Nosotros/as)	venimos	ponemos	sabemos
(Vosotros/as)			
(Ellos/as/Uds.)	vienen	ponen	saben

Venir, poner o saber

6. Completa con uno de estos verbos en la forma adecuada.

a. ● ¿Dónde (yo) .... la tele?
   ● No (yo) .... Bueno, enfrente del sillón.
b. Mis padres .... hoy a ver mi piso nuevo.
c. Señora Rodríguez, ¿dónde (nosotros) .... la cama nueva?
d. ● ¿(Ud.) .... dónde vive la profesora?
   ● Sí, lo (yo) .... En el tercero izquierda.
e. Hola, buenos días, (nosotros) .... a conocer el apartamento.
f. ¿(Uds.) .... dónde está el restaurante vasco?
g. Mis vecinos .... unas sillas y una mesa en la terraza en verano.

Ser, estar o tener

7. Completa con uno de estos verbos en la forma adecuada.

a. Mis padres .... un piso grande con muchas habitaciones.
b. Su casa .... a las afueras de Barcelona.
c. Nuestro apartamento .... pequeño, pero muy alegre.
d. Tu edificio .... unos balcones muy bonitos.
e. La escuela de Pedro .... en el centro de la ciudad.
f. Su apartamento .... un poco triste porque no .... mucha luz.
g. Mi piso .... dos cuartos de baño bastante grandes.

COMPRENSIÓN AUDITIVA

¿Dónde están?

10

Escucha y pon el nombre de las habitaciones y dibuja los objetos.

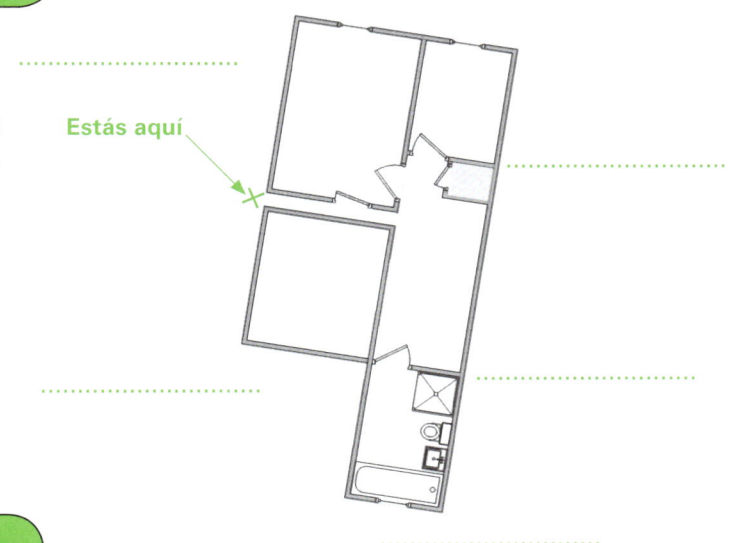

Estás aquí

COMPRENSIÓN LECTORA

Mi casa

Lee el texto, marca verdadero o falso y corrige la información.

Blogger

Hola, amig@s: hoy os voy a hablar de mi casa. Vivo en Alicante, una ciudad de la costa mediterránea. En España, sobre todo en las ciudades, casi todo el mundo vive en bloques de pisos. Normalmente los edificios son antiguos en el centro. Yo vivo en un bloque de pisos a las afueras, frente al mar. Vivo en el cuarto izquierda. Afortunadamente hay ascensor en la mayoría de los edificios modernos. Mi piso tiene unos noventa metros cuadrados aproximadamente. Tiene tres dormitorios pequeños, dos baños, una cocina, un salón-comedor y una terraza grande con vistas al mar. Mis vecinos son muy agradables y conozco a casi todos porque los veo en el ascensor o en la escalera. Mi edificio tiene jardín y una piscina.

Un saludo y hasta pronto,
Carmen

V F
a. Carmen vive en una ciudad en la costa atlántica. ☐ ☐
b. En España mucha gente vive en bloques de pisos. ☐ ☐
c. Carmen vive en un edificio antiguo. ☐ ☐
d. Su piso es el cuarto derecha. ☐ ☐
e. Su casa tiene ascensor. ☐ ☐
f. Tiene cien metros cuadrados. ☐ ☐
g. Su casa tiene una terraza pequeña con vistas a la ciudad. ☐ ☐
h. No conoce a sus vecinos. ☐ ☐
i. Su casa tiene garaje y una piscina grande. ☐ ☐

....

veintinueve

PRONUNCIACIÓN Y ORTOGRAFÍA

El acento

1. Escucha y subraya la sílaba acentuada.

a. cocina   b. octavo   c. tranquilo   d. bastante
e. caluroso   f. ascensor   g. apartamento

Los meses del año

2. Subraya la sílaba acentuada en los meses del año. Luego escucha y repite.

enero
febrero
marzo
abril
mayo
junio
julio
agosto
septiembre
octubre
noviembre
diciembre

La tilde

3. ¿Cuáles de estas palabras llevan tilde?

a. sofa
b. septimo
c. espejo
d. decima
e. caluroso
f. cuanto
g. calefaccion

AUTOEVALUACIÓN

Portfolio: evalúa tus conocimientos
Después de las unidades 3 y 4

Fecha: ....

Nivel alcanzado

Insuficiente | Suficiente | Bueno | Muy bueno

COMUNICACIÓN

Soy capaz de hablar de mi familia
Escribe las expresiones:

Soy capaz de describir a una persona y de preguntar y decir la edad
Escribe las expresiones:

Soy capaz de describir un piso
Escribe las expresiones:

Soy capaz de utilizar los ordinales
Escribe las expresiones:

GRAMÁTICA

Puedo utilizar los artículos definidos
Escribe algunos ejemplos:

Puedo utilizar los adjetivos posesivos
Escribe algunos ejemplos:

Puedo conjugar algunos verbos irregulares en presente: *tener, venir, poner* y *saber*
Escribe algunos ejemplos:

Puedo utilizar el pronombre interrogativo *cuántos* y los cuantificadores
Escribe algunos ejemplos:

Puedo utilizar *ser* para describir y *estar* para localizar y las locuciones adverbiales de localización
Escribe algunos ejemplos:

Puedo utilizar los grados de intensidad
Escribe algunos ejemplos:

LÉXICO

Conozco el léxico de la familia y el estado civil
Escribe las palabras que recuerdas:

Conozco los adjetivos calificativos de descripción física y de carácter
Escribe las palabras que recuerdas:

Conozco los nombres de los objetos de una casa
Escribe las palabras que recuerdas:

Conozco las características de un piso
Escribe las palabras que recuerdas:

treinta y uno 31

UNIDAD 5

POR LA CIUDAD

COMUNICACIÓN

Tu barrio

1. Completa con lo que hay en tu barrio.

Dirección: calle .... número ...... piso ...... letra ......
Metro/autobús: línea ...., n.º ....
Parada de taxi: ☐ sí/no, ☐ cerca/lejos
Tiendas: supermercado, farmacia...
Edificios públicos: biblioteca, cine, bancos, estación de autobús/tren...
Lugares de interés turístico: museos, castillos, iglesias/catedrales...

Presenta tu barrio

2. Ahora escribe un párrafo sobre tu barrio.

Ejemplo: *Vivo en la calle... Hay/No hay línea de... Hay muchas tiendas en mi barrio como...*

....
....

¿Cuál es la pregunta?

3. Escribe la pregunta correspondiente.

a. ¿..?
   El concierto empieza a las siete y media.
b. ¿..?
   El auditorio está en la calle Mayor, número 2.
c. ¿..?
   En taxi o en autobús.
d. ¿..?
   El número 12.
e. ¿..?
   Te bajas en la parada del ayuntamiento.
f. ¿..?
   Pues nos vemos en la cafetería al lado del auditorio.
g. ¿..?
   Sí, hay un asiático y un italiano.

Vamos al cine

4. Ordena el diálogo.

☐ – No sé, Ana, estoy un poco cansado.
☐ – Bueno, pero ¿a qué hora empieza la película?
☐ – A las seis y media.
☐ – Samuel, ¿salimos esta tarde por ahí?
☐ – ¿Vamos al cine a ver una película?
☐ – Alrededor de las ocho y media.
☐ – ¿Y a qué hora termina más o menos?
☐ – Vale, de acuerdo.

LÉXICO

¿Qué hora es?

1. Mira los relojes y escribe la hora.

a.
b.
c.
d.
e.
f.
g.
h.

Los números

2. Escribe con números estas cifras.

a. trescientos cuarenta y uno.
b. quinientos trece.
c. novecientos veinticinco.
d. mil setecientos ochenta y cuatro.
e. diez mil seiscientos catorce.
f. un millón cuatrocientas noventa y nueve mil doscientas once.

Noventa y nueve

3. Escribe las cifras en letra.

a. Desde mi ciudad hasta la costa hay 650 kilómetros.
....
b. El precio de esta bicicleta es de 295 euros.
....
c. Hay más de 1 748 000 extranjeros en mi país.
....
d. En el centro comercial trabajan 200 personas.
....
e. El restaurante está a unos 500 metros.
....
f. Hay 1 440 alumnos en mi universidad.
....

¿Dónde compro estas cosas?

4. Escribe el nombre de la tienda.

a. el pan, en ....

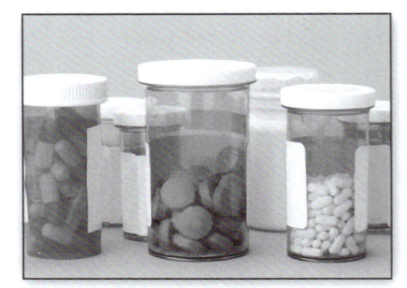

b. las medicinas, en ....

c. los libros, en ....

d. los zapatos, en ....

e. el periódico, en ....

En la ciudad

5. Elige la palabra adecuada.

a. Voy a *la plaza/la farmacia* a jugar con mis amigos. Hay una *iglesia/fuente* preciosa con mucha agua.
b. En mi barrio hay muchos coches, pero no hay *fuentes/aparcamientos*.
c. Mi ciudad tiene una *iglesia/oficina de correos* de estilo gótico.
d. En el centro están *el ayuntamiento/el mercado* y la comisaría. Son dos edificios públicos.

GRAMÁTICA

¿Cómo quedamos?

1. Completa los huecos con *cómo, en qué, dónde, qué, a qué hora, cuál*.

a. ¿.................... estación de metro me bajo?
b. ¿.................... es la dirección de la escuela?
c. ¿.................... línea de metro tomo: la cinco o la siete?
d. ¿.................... quedamos, en tu casa o en mi casa?
e. ¿.................... termina la película?
f. ¿.................... voy a la biblioteca, a pie o en metro?

La farmacia o una farmacia

2. Completa con los artículos determinados o indeterminados.

a. Hay .... farmacia cerca de aquí.
b. En esta calle hay .... floristerías muy bonitas.
c. ● ¿Dónde está .... ayuntamiento?
   ● En .... plaza Mayor.
d. En esta zona está .... Banco Santander.
e. .... panaderías de Madrid son muy buenas.
f. En mi barrio hay .... supermercado de comida japonesa.
g. En la calle Princesa hay .... tiendas de ropa fantásticas.

¿Cómo van?

3. Observa estas fotos y explica cómo van a trabajar.

a. Laura…

b. Íñigo…

c. Verónica…

d. Bernardo…

treinta y cinco **35**

Hay o está(n)

4. Completa.

a. Las gasolineras .... fuera de la ciudad.
b. Cerca de la universidad .... muchas librerías.
c. En la charcutería .... muchas clases de jamón y embutidos.
d. Solo .... un cine en esta zona y .... en el centro comercial Los leones.
e. En Barcelona .... muchas estaciones de metro.
f. ¿Dónde .... el centro histórico, por favor?
g. El museo .... al final de la calle.

¡A conjugar!

5. Completa el diálogo con los verbos entre paréntesis.

Raquel: Pilar, ¿cómo (ir, yo) .... a tu oficina?

Pilar: Pues es muy fácil desde tu trabajo. Puedes venir en autobús. (Tomar, tú) .... el 14 y (bajarse, tú) .... en la sexta parada.

Raquel: Vale, ¿y después?

Pilar: (Cruzar, tú) .... la calle Serrano, (seguir, tú) .... todo recto y mi oficina (estar) .... enfrente.

Raquel: ¿Me (dar) .... tu dirección, por favor?

Pilar: Claro, mi oficina (estar) .... en la calle Lagasca, número 58.

Raquel: ¿Y a qué hora (quedar, nosotros) ....?

Pilar: Pues a las ocho menos cinco, ¿vale? En mi oficina (cerrar, nosotros) .... a las ocho de la tarde. Y después (irnos, nosotros) .... al cine a ver una película de aventuras.

Raquel: Pues, genial, entonces, hasta las ocho menos cinco en tu oficina.

¿Dónde está?

6. Escribe debajo de las flechas y los símbolos las preposiciones y los adverbios de lugar.

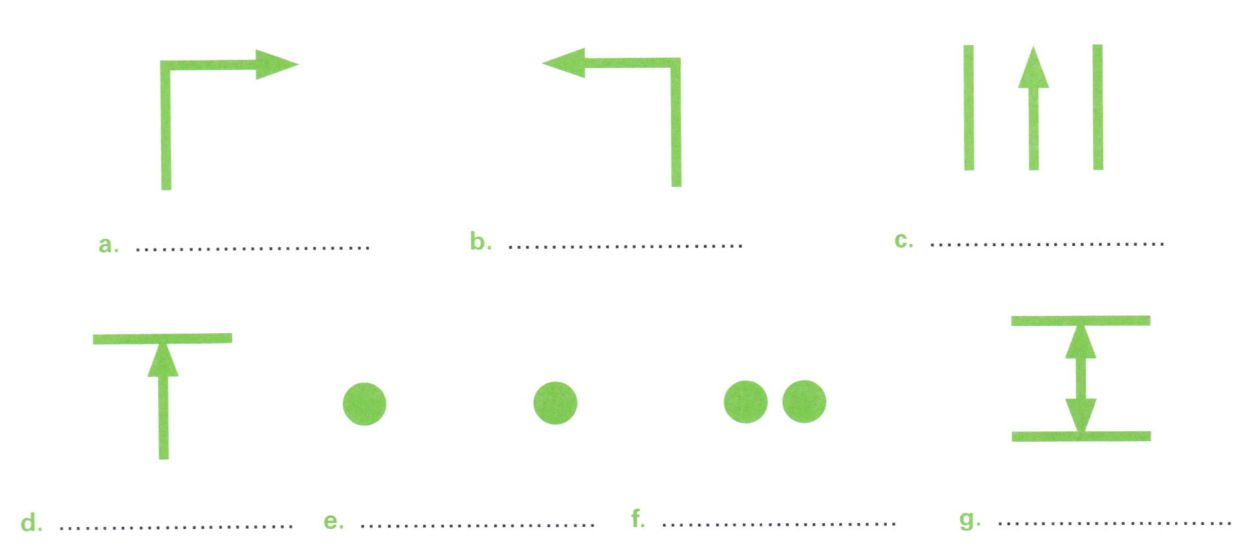

a. ....
b. ....
c. ....
d. ....
e. ....
f. ....
g. ....

COMPRENSIÓN AUDITIVA

¿Cómo voy a estos sitios?

Escucha y sitúa en el plano los siguientes establecimientos: el teatro, el cine, el parque y el ayuntamiento.

COMPRENSIÓN LECTORA

Trabajar en México D.F.

A. Lee el texto, corrige las informaciones.

Carlota es panameña, pero ahora vive y trabaja en México D.F. Está aquí por trabajo. Es la directora de una cadena de supermercados que se llama *Ahorra dinero*. Vive en el centro de la ciudad en un bloque de pisos para estar cerca de su trabajo. A ella le gustan los barrios con muchas tiendas y lugares de entretenimiento. No tiene coche y se mueve por México D.F. en metro o en autobús. Nos dice: «Esta ciudad es genial. En el centro puedes encontrar de todo: tiendas de ropa, cines, buenos restaurantes, museos y por supuesto, supermercados como *Ahorra dinero*. En nuestro supermercado tenemos todo tipo de productos: carne, pescado, fruta, verduras, leche, bebidas y muchas cosas más. Y lo más importante es que los precios son muy competitivos, por eso tiene ese nombre. Vendemos la leche y el pan muy, muy baratos. Además, nuestro horario es amplio: abrimos a las nueve de la mañana y cerramos a las diez de la noche. Estoy muy contenta de tener este trabajo y de vivir en esta ciudad tan grande y cosmopolita».

Plaza de la Constitución (México)

a. Carlota es dominicana.
b. Está en México D.F. de vacaciones.
c. Trabaja en una frutería.
d. Vive en un chalé a las afueras.
e. Tiene un coche nuevo.
f. No va en metro.

B. Contesta las preguntas.

a. ¿Por qué le gusta tanto México D.F.?
b. ¿Qué es lo más importante de sus supermercados? ¿Por qué?
c. ¿Qué horario tienen estos supermercados?

PRONUNCIACIÓN Y ORTOGRAFÍA

La sílaba acentuada 🎧 14

1. **Escucha y subraya la sílaba acentuada de estas palabras que no llevan tilde. Después, colócalas en la columna adecuada.**

a. mercado   b. final   c. biblioteca   d. reloj   e. plaza
f. ciudad   g. cine   h. preguntar   i. lejos

Acento en la última sílaba	Acento en la penúltima sílaba

¿Lleva tilde? 🎧 15

2. A. Escucha y escribe la tilde donde corresponda.

a. aqui   b. cuanto
c. estacion   d. zapateria
e. San Jose   f. millon
g. sabado   h. dificil

B. Lee el diálogo y escribe la tilde donde corresponda.

● Hola, Maria. Soy Leonor, ¿como estas?
● Bien, ¿y tu? ¿Vienes a comer a mi casa nueva?
● Vale, pero no se como llegar.
● Es muy facil. Bajas por la calle del Jazmin y giras a la derecha por la calle Madrid. Mi casa es el numero 24, quinto izquierda.
● Bueno, pero voy en autobus, estoy cansado.
● De acuerdo. Hasta ahora. Adios.

UNIDAD 6

DÍA A DÍA

COMUNICACIÓN

Tus hábitos diarios

1. **Contesta la encuesta.**

Encuesta personal

Nombre y apellidos .... **Edad** ....

Estudios (Sí/No) (medios/superiores)
¿Trabaja o estudia? Sí, No, ¿Dónde? ....
¿A qué hora se levanta usted de lunes a viernes? ....
¿Y los fines de semana? ....
¿Se ducha o se baña? .... ¿Con qué frecuencia? ....
¿Qué desayuna y dónde? ....
¿A qué hora empieza a trabajar y a qué hora sale de trabajar? ....
¿Dónde come? ¿Cerca de la oficina, en casa…? ....
¿Hace deporte/Va al gimnasio? ...... ¿Con qué frecuencia? ....
¿A qué hora se acuesta? ....
¿Qué hace los fines de semana? ....

Presentación

2. **Ahora escribe un pequeño texto con tus respuestas.**

Ejemplo:

> Me llamo .... Tengo .... años y (no) tengo
> .... De lunes a viernes (Durante la semana) me levanto
> ....

treinta y nueve **39**

El horario de Olga

3. Escribe las preguntas sobre la vida de Olga, una estudiante de ingeniería. Háblale de *tú*.

a. ¿......................?
b. ¿......................?
c. ¿......................?
d. ¿......................?
e. ¿......................?
f. ¿......................?
g. ¿......................?
h. ¿......................?

Muy temprano, a las seis y cuarto de la mañana.
Té con leche y tostadas.
A las ocho de la mañana normalmente.
En el bar de la universidad.
Pues el menú del día y un café solo.
Por la tarde estudio en la biblioteca.
Ensalada, tortilla y fruta.
A las once aproximadamente.

LÉXICO

Aficiones y deportes

1. Escribe las palabras en la columna correcta.

Jugar al	Hacer/Practicar	Montar a/en	Tocar el/la

gimnasia
bici
yoga
violín
esquí
guitarra
natación
baloncesto
caballo
golf
fútbol
zumba
Pilates
tenis
balonmano

40 cuarenta

¿Con qué frecuencia?

2. Escribe frases sobre tus aficiones y las de tus amigos.

Explica con qué frecuencia/duración haces estas cosas.
Frecuencia: Nunca, a veces, una vez/dos veces por semana, al mes, los lunes y miércoles, los fines de semana, todos los días…
Duración: Media hora, una hora, dos horas…

Ejemplo: *Hago gimnasia una hora tres veces por semana. Mi amiga Marta, todos los días una hora.*

....

Tú y tus amigos

3. Termina las frases según tus gustos y los de tus amigos.

> las playas en verano   ir de tiendas   los restaurantes asiáticos
> las bebidas *light*   ver películas en el ordenador   hacer deporte
> los días soleados   mandar mensajes de texto

- Me encanta(n) ....
- Me gusta(n) mucho ....
- No me gusta(n) (mucho) ....
- No me gusta(n) (nada) ....

A ti te…, A él/ella/usted le…, A nosotros/as nos…, A vosotros/as os…, A ellos/as/ustedes les…

Ejemplo: *A mi amigo Fernando le encantan los días soleados.*

....

GRAMÁTICA

¡A conjugar!

1. Completa el cuadro.

	Ducharse	**Acostarse**	**Vestirse**
(Yo)	me ducho		
(Tú)		te acuestas	
(Él/ella/Ud.)			se viste
(Nosotros/as)	nos duchamos		
(Vosotros/as)		os acostáis	
(Ellos/as/Uds.)			se visten

cuarenta y uno

La vida de Enrique y Victoria

2. Completa con los verbos en la forma adecuada.

Victoria y Enrique (levantarse) .... muy temprano cada día. (Tener) .... tres hijos pequeños de 7, 4 y 2 años. Los dos pequeños no (ducharse) .... solos y Victoria y su marido les ayudan. El mayor, Pablo, (ducharse) .... y (vestirse) .... solo. Los tres niños (empezar) .... el colegio a las ocho de la mañana. Victoria (empezar) .... su trabajo a las ocho y media y Enrique también.
Sus hijos (comer) .... todos los días en el comedor del colegio y ellos en su trabajo.
Los niños (salir) .... del colegio a las cuatro y media porque tienen clases extraescolares.
Por la tarde, en casa, todos (estudiar) .... juntos un rato y luego (irse) .... al parque a jugar.
Los niños (acostarse) .... pronto alrededor de las nueve y media, pero Victoria y Enrique (trabajar) .... en el ordenador o (leer) .... el periódico o un libro.
Victoria (acostarse) .... a las once y media o doce; sin embargo, a Enrique (encantarle) .... ver películas en la tele hasta muy tarde.

¿De dónde vienes?

3. Escribe la preposición que falta: *a, de, en, con*.

a. Vengo .... la Escuela Oficial de Idiomas.
b. Marta tiene una reunión .... su jefa .... las doce del mediodía.
c. Salgo a correr .... mis amigas tres veces a la semana.
d. ¿Vosotros os levantáis .... las seis de la mañana todos los días?
e. Esteban sale .... la oficina muy tarde.
f. Mi hija no está nunca .... casa.
g. Nuestros vecinos trabajan .... un bar irlandés.

Lo hago después

4. Completa con preposiciones estas expresiones de tiempo.

> durante   antes   en   por (2)   de... a   después

a. .... de trabajar salgo con mis compañeras a tomar unas tapas.
b. .... el verano no hay clase en la escuela.
c. José vive en Madrid .... lunes .... viernes.
d. .... de los exámenes estoy muy nervioso.
e. Normalmente estoy cansada .... la noche y me acuesto muy pronto.
f. Su cumpleaños es .... enero.
g. A veces corro .... las mañanas porque no hace calor.

¿Te gusta o te encanta?

5. Completa las frases con *gusta/n* o *encanta/n*.

a. A mi tío le .... la comida vietnamita. Come en un restaurante asiático dos veces por semana.
b. A los extranjeros les .... mucho las playas españolas.
c. A mis compañeros de trabajo no les .... nada trabajar los sábados por la mañana.
d. ● ¿A ti te .... ir a la universidad por las tardes?
   ● Claro que sí, me .... porque así tengo las mañanas libres.
e. A nosotros no nos .... nada los bailes de salón.
f. ● ¿A vosotros os .... los deportes náuticos como el esquí acuático?
   ● Sí, nos ...., en agosto salimos a navegar todos los días.
g. A ellos les .... las novelas policíacas, son fans de este tipo de libros.

A mí también

6. Completa con *también, tampoco, sí* o *no*.

A. Termina las frases mostrando vuestros gustos en común.

a. A Cristina le encanta la música latina y a mí ....
b. A Sergio no le gustan las películas de ciencia ficción y a ella ....
c. Mi hermano toca la flauta y yo ....
d. Lucía no come carne y yo ....

B. Termina las frases mostrando vuestras diferencias.

a. Rita habla alemán, pero yo ....
b. Mi padre no sabe esquiar, pero yo ....
c. A mis compañeros no les gusta cantar, pero a mí ....
d. A Cristóbal le gusta la comida tex-mex, pero a María ....

cuarenta y tres

COMPRENSIÓN AUDITIVA

Un horario diferente

Escucha y ordena las fotos. Escribe a qué corresponde y a qué hora lo hace.

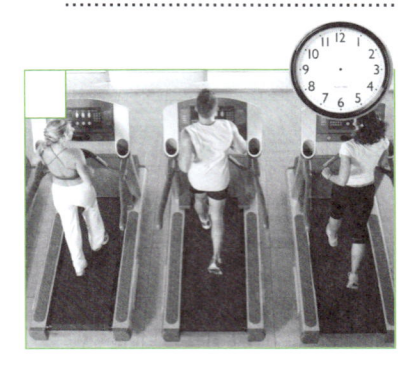

COMPRENSIÓN LECTORA

Un futbolista argentino

Lee el texto y explica qué hace Miguel Ángel a estas horas.

Miguel Ángel es un futbolista profesional argentino. Es bastante joven, tiene 20 años y su ídolo es Messi, otro jugador argentino que actualmente juega en el Barça.

Miguel Ángel entrena todos los días cinco horas, de nueve a dos. Tiene una vida muy organizada. Se levanta temprano, alrededor de las siete de la mañana, se ducha, se viste y desayuna cereales, fruta, tostadas y café con leche. Después de desayunar, oye las noticias en la radio y se va al campo de fútbol.

Empieza a hacer ejercicio a las nueve o nueve y cuarto. Corre, salta y por último juega un partido con sus compañeros. Durante los partidos, todos los jugadores son muy competitivos y les gusta ganar siempre.

Después de entrenar se ducha otra vez y a las dos y media se va a casa a comer con su familia. Come pasta, carne o pescado, ensalada y frutas. Su dieta es equilibrada y sana.

De cuatro a cinco descansa un poco en el sofá o ve una película en la tele.

A las seis va a una escuela de música. Le gusta mucho la música y también le encanta tocar la guitarra y cantar tangos con sus amigos.

Por la noche, cena algo ligero, lee un rato y se acuesta antes de medianoche.

- A las 7 de la mañana ....
- De 9 a 2 ....
- A las 2 y media ....
- De 4 a 5 ....
- A las 6 de la tarde ....
- Por la noche ....
- Antes de medianoche ....

PRONUNCIACIÓN Y ORTOGRAFÍA

La erre

1. Escucha y repite. Coloca estas palabras según el tipo de erre.

> **a.** raqueta **b.** montañero **c.** red **d.** jugador **e.** aburrido
> **f.** desayunar **g.** correr **h.** fuera **i.** Raquel **j.** padre

erre vibrante	erre suave

2 Escucha y repite estas frases.

a. La raqueta de Roberto está rota.
b. Este tren es ruidoso.
c. A Raquel le encanta la jardinería.
d. Esta es la terraza del restaurante.

3. Escucha y escribe *r* o *rr*.

a. pa......que **b.** co......o **c.** guita......a
d. sende......ismo **e.** figu......a **f.** ho......a
g. ape......itivo **h.** ma......ón **i.** ce......ado

4. Escucha estas palabras y escríbelas.

a. ....
b. ....
c. ....
d. ....

AUTOEVALUACIÓN

Portfolio: evalúa tus conocimientos

Después de las unidades 5 y 6

Fecha: ....

Nivel alcanzado

Insuficiente | Suficiente | Bueno | Muy bueno

COMUNICACIÓN

Soy capaz de entender y dar indicaciones en la calle
Escribe las expresiones:

Soy capaz de preguntar y decir la hora
Escribe las expresiones:

Soy capaz de hablar de hábitos diarios, gustos y aficiones
Escribe las expresiones:

Soy capaz de quedar con alguien
Escribe las expresiones:

GRAMÁTICA

Puedo utilizar los artículos indeterminados
Escribe algunos ejemplos:

Puedo diferenciar *hay* y *está(n)*
Escribe algunos ejemplos:

Puedo conjugar algunos verbos irregulares en presente: *ir, seguir, cerrar* y *dar*
Escribe algunos ejemplos:

Puedo utilizar el verbo *gustar* en todas sus formas
Escribe algunos ejemplos:

Puedo conjugar verbos reflexivos
Escribe algunos ejemplos:

Puedo utilizar *también* y *tampoco* y las preposiciones *a, de, en, con*
Escribe algunos ejemplos:

LÉXICO

Conozco los números de cien a un millón
Escribe las palabras que recuerdas:

Conozco los nombres de los espacios urbanos y las tiendas
Escribe las palabras que recuerdas:

Conozco los hábitos diarios
Escribe las palabras que recuerdas:

Conozco los deportes
Escribe las palabras que recuerdas:

cuarenta y siete 47

UNIDAD 7

LA COMIDA

COMUNICACIÓN

Hacer la compra

1. Contesta la encuesta.

Encuesta

- ¿Quién hace la compra en tu casa?: ☐ tú, ☐ tu marido/mujer, ☐ tu padre/madre, ☐ tu(s) compañero(s) de piso, ☐ otros.
- ¿Con qué frecuencia haces la compra?: ☐ todos los días, ☐ dos o tres veces por semana, ☐ una vez a la semana, ☐ una vez al mes.
- ¿Dónde haces la compra?: ☐ en la tienda de alimentación, ☐ en el mercado, ☐ en un supermercado, ☐ en un hipermercado, ☐ otros.
- ¿En qué puestos compras estos productos: la fruta y la verdura, la carne, el pescado, el jamón y el queso, el pan, etc.?
- ¿Estás satisfecho con las tiendas donde compras la comida? ☐ Sí/ ☐ No/ ☐ Regular
- ¿Por qué? ....

¿Cómo y cuándo?

2. Ahora escribe unas frases contestando la encuesta.

Ejemplo: *Por lo general, mi compañero de piso/yo, etc., hace/hago la compra...*

....
....

¿Dónde escuchas estas frases?

3. Elige en qué contexto se dicen estas frases.

a. ¿Me trae la carta, por favor?
b. Quiero un kilo de merluza.
c. ¿Me pone esas naranjas de ahí?
d. Pele y corte las patatas en trozos.
e. Un chocolate con churros, por favor.
f. Me encanta tu paella, está riquísima.

1. En una receta de cocina
2. En la frutería
3. En el restaurante
4. En la pescadería
5. En casa de amigos
6. En una cafetería

En el mercado

4. Ordena el diálogo.

- ☐ – Gracias, hasta luego.
- ☐ – ¿Siguiente, por favor?
- ☐ – Aquí tiene su cambio.
- ☐ – Buenos días, ¿qué le pongo?
- ☐ – Estas fresas, parecen mejores.
- ☐ – Muy bien, ¿algo más?
- ☐ – Sí, soy yo.
- ☐ – No, ¿cuánto es todo, por favor?

- ☐ – Sí, también quiero medio kilo de fresas.
- ☐ – Pues dos kilos de patatas.
- ☐ – ¿Estas fresas o aquellos fresones?
- ☐ – Seis euros con treinta céntimos.
- ☐ – Hasta luego.
- ☐ – ¿Algo más?
- ☐ – Tome, aquí tiene.

LÉXICO

¿Qué es?

1. Escribe cada alimento en la columna adecuada.

frutas	verduras	pescado	carne

el salmón — la naranja — la ternera — el cerdo

la zanahoria — el pollo — el melón — la merluza

las judías — la manzana — el atún — la lechuga

el cordero — la sardina — el pimiento — el plátano

cuarenta y nueve **49**

¿Con qué frecuencia?

2. Escribe frases sobre la frecuencia con la que comes.

Ejemplo: *Como fruta tres veces al día. Me encanta la fruta.*

....

....

Un kilo de peras

3. Relaciona las dos columnas.

a. una lata de   1. zumo
b. un kilo de   2. mayonesa
c. una barra de   3. huevos
d. un bote de   4. pan
e. una docena de   5. maíz
f. una caja de   6. manzanas
g. una botella de   7. bombones

¡Aprendemos a poner la mesa!

4. Completa las frases.

a. Antes de poner los cubiertos, sobre la mesa ponemos el ....
b. Entonces ponemos los .... para servir la comida.
c. A continuación ponemos los cubiertos. La .... sirve para tomar la sopa.
d. El .... lo usamos para pinchar la comida.
e. Y para cortarlo todo utilizamos el ....
f. A la derecha del plato ponemos la .... para limpiarnos la boca.
g. Delante del plato colocamos la .... para beber.

De primero...

5. Observa las fotos y di si son primeros, segundos o postres.

Primer plato	Segundo plato	Postre

tarta helada	filete de pollo	gazpacho
crema de verduras	macarrones con tomate	macedonia de frutas
chuletas de cerdo	sardinas asadas	tarta de fresa
flan	merluza con ensalada	lentejas

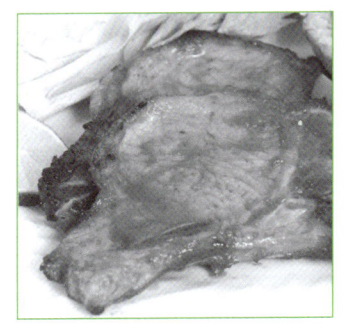

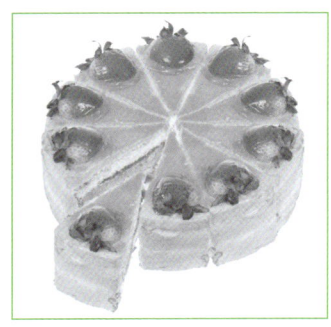

cincuenta y uno 51

Tu menú favorito

6. Ahora piensa en tu menú preferido y escríbelo.

Primer plato:

Segundo plato:

Postre:

GRAMÁTICA

Este, ese o *aquel*

1. Escribe el demostrativo correcto.

a. ¡Qué buenas .... naranjas de ahí!
b. .... casas de allí, las del final de la calle tienen piscina.
c. .... tomates de aquí son de Murcia, son excelentes.
d. ● ¿Qué mesa prefieren, señores?
   ○ .... de ahí al lado de la ventana, por favor.
e. .... camarero de allí tiene la carta, llámalo.
f. ● ¿Cuáles son tus libros?
   ○ .... de aquí, tienen mi nombre en rojo.
g. .... de allí son mis compañeros de la oficina. Están en la terraza.

¡A conjugar!

2. Completa el cuadro.

	Poder	Querer	Pedir	Tener	Poner
(Yo)					
(Tú)					
(Él/ella/Ud.)					
(Nosotros/as)	podemos	queremos	pedimos	tenemos	ponemos
(Vosotros/as)					
(Ellos/as/Uds.)					

¿Pongo la mesa?

3. Elige el verbo correcto del ejercicio anterior y escríbelo en la forma adecuada.

a. En mi casa mis hermanos mayores .... la mesa todos los días.
b. Yo nunca .... postre en los restaurantes.

c. ● Paco, Teresa, ¿..................... comer hoy en casa con nosotros?
   ● Muchas gracias, pero no .... cita con el dentista a las dos.

d. ● Buenas tardes, ¿qué .... tomar?
   ● Pues .... dos tés con leche, por favor.

e. Marta, no (nosotros) .... pan para cenar. ¿(tú) .... ir al súper ahora mismo a comprar una barra, por favor?
f. ¿(nosotros) .... los platos en la mesa?
g. Mi padre siempre .... tarta de queso en este restaurante.

Bebe o beba

4. Corrige la forma del imperativo.

a. ● Julita, *beba/bebe* la leche con cacao ahora mismo.
   ● Sí, mamá.

b. ● Chicos y chicas, *haced/haz* el examen en silencio, por favor.
   ● Sí, David.

c. ● Señor Cuadrado, *hablen/hable* más alto y más claro.
   ● Sí, perdone.

d. ● Marta, José, *abrid/abra* la ventana. Hace mucho calor aquí dentro.
   ● Sí, tienes razón.

e. ● Papá, mamá, *pon/poned* la radio más alta, me gusta mucho esta canción.
   ● Vale, de acuerdo.

f. ● Javier, *recoge/recoged* tu ropa del suelo. Tu habitación es un desastre.
   ● Vale, ya voy.

g. ● Susana, *vengan/ven* aquí ahora mismo. Es la hora de dormir.
   ● Bueno, vale.

Haz la comida

5. Escribe el verbo en imperativo.

a. No le entiendo. (Repetir) ...., por favor.
b. –Tengo mucha sed, papá. –(Beber) .... zumo de frutas, hijo.
c. Hace mucho frío, doña Lola. (Poner) .... la calefacción, por favor.
d. –Estamos muy nerviosos. –(Beber) .... un vaso de leche caliente.
e. ¿Cómo, qué dices? (Hablar) .... más despacio.
f. –Tengo bastante hambre. – Venga, (poner) .... la mesa.
g. –No tenemos dinero. –(Tomar) .... 50 euros.

COMPRENSIÓN AUDITIVA

La ensalada César

Escucha la primera parte de la receta y escribe el verbo.

> fría (2)   lave   añada
> córtela (2)   póngala   corte

Primero, (a) .... muy bien la lechuga, (b) .... en trozos y (c) .... en un plato.
Segundo, (d) .... el pan en pequeños cuadrados.
Tercero, (e) .... el aceite a la sartén y (f) .... el pan.
A continuación, (g) .... la pechuga de pollo y (h) .... en trozos pequeños.

Ensalada César
Ingredientes:

200 gramos de lechuga
1 lata de anchoas
150 gramos de pechuga de pollo
40 gramos de queso parmesano
2 rebanadas de pan de molde
1/2 diente de ajo
1 huevo
zumo de limón
aceite de oliva

COMPRENSIÓN LECTORA

Los puestos del mercado

Lee y contesta las preguntas.

Información

El mercado de San Antón

Otro importante mercado de productos frescos en el centro de Madrid es el de San Antón, situado en el divertido barrio de Chueca. Aquí puedes encontrar todo tipo de puestos tradicionales como pescaderías, carnicerías, fruterías, charcuterías, panaderías y bares de tapas donde puedes probar comida de diferentes partes de España y del mundo. También hay un hipermercado muy bueno en la planta baja.

La parte superior del mercado tiene una terraza muy bonita donde puedes comer o tomar algo con los amigos. Por las noches, en verano es un lugar muy frecuentado por jóvenes madrileños y extranjeros.

Uno de los modernos bares que encontramos en este mercado tan cosmopolita es por ejemplo el gastrobar La Alacena de Víctor Montes. Este gran puesto, situado en la primera planta, tiene dos barras donde es posible comer, tomar el aperitivo o cenar platos típicos y productos gastronómicos de calidad. También puedes tomar una copa de vino o champán. Además, sus excelentes croquetas, de diferentes sabores, son famosas en todo Madrid.

Todos los puestos del mercado de San Antón ofrecen a sus clientes servicio a domicilio. Además, aparcamiento gratuito a sus clientes por una compra superior a 30 euros.

Para más información llame al número: 91. 330.02.99

1. ¿Dónde está situado el mercado de San Antón?
2. ¿Qué puestos o tiendas puedes encontrar en este mercado?
3. ¿Qué hay en la planta baja?
4. ¿Y en la planta superior?
5. ¿Qué es La Alacena de Víctor Montes?
6. ¿Por qué es famoso sobre todo?

¿Qué significa *servicio a domicilio*?
a. que tienes que ir a la tienda ☐
b. que te llevan la compra a casa ☐

PRONUNCIACIÓN Y ORTOGRAFÍA

Como suena

22

1. Escucha y repite.

a. ajo
b. recoger
c. mojar
d. jarra
e. gimnasia
f. salmorejo
g. jugar
h. gaje

J o g

23

2. ¿Qué palabra oyes?

a. 1. gusto   2. justo
b. 1. ajo   2. hago
c. 1. higo   2. hijo
d. 1. vago   2. bajo
e. 1. pagar   2. pajar

3. ¿Con *g* o con *j*?

a. ......amón
b. ve......etariano
c. naran......a
d. ......ente
e. lente......as
f. ......udías

UNIDAD 8

DE VACACIONES

COMUNICACIÓN

De viaje

1. Contesta a la encuesta.

ViajerSoy
Descubre tu destino

¿Viajas en vacaciones?:
☐ mucho ☐ no mucho ☐ poco ☐ muy poco ☐ nada

¿Dónde te alojas?:
☐ en hoteles ☐ en pensiones
☐ en casas rurales ☐ en *campings*

¿Dónde comes normalmente cuando viajas?:
☐ en restaurantes ☐ en bares
☐ en un parque (comida comprada en supermercado)
☐ cualquier sitio cerca de donde estás

¿Cómo viajas?:
☐ en coche ☐ en tren ☐ en autobús
☐ en avión ☐ en barco

¿Cómo organizas el viaje?:
☐ por agencia ☐ por Internet
☐ tus amigos lo hacen por ti ☐ viajas sin reservar

¿Quiénes son tus compañeros de viaje preferidos?:
☐ tu novio/a ☐ tu familia
☐ tus amigos ☐ tus compañeros de trabajo/estudios

¿Qué es lo que menos te gusta cuando viajas en avión?:
☐ la espera en el aeropuerto ☐ los controles de seguridad
☐ la comida del aeropuerto ☐ los retrasos de los vuelos

¿En qué lugares te lo pasas bien?:
☐ en un buen restaurante ☐ en un hotel malo con buenas vistas
☐ en una piscina con *jacuzzi* ☐ en una buena playa
☐ en un *camping* rodeado de naturaleza ☐ en un parador bonito
☐ en una pensión limpia ☐ en cualquier sitio

¿Por qué te gusta salir de vacaciones?:
☐ porque me relaja ☐ porque me gusta conocer sitios nuevos
☐ porque necesito cambiar de aires

¿Vas siempre de vacaciones al mismo sitio o cambias cada año? ¿Por qué?
....

¿Cómo organizas tus vacaciones?

2. Escribe un breve texto explicando más en detalle las preguntas del ejercicio 1.

Ejemplo: *No salgo mucho de vacaciones, solo una o dos veces al año.*

....
....

Hacemos turismo

3. Relaciona las dos columnas.

a. ¿Crees que el Solimar es un buen hotel?
b. ¿Sabe tocar bien la guitarra?
c. ¿Qué te parece esta catedral gótica?
d. ¿Qué tal la comida del hotel?
e. ¿Por qué te gusta viajar solo?
f. ¿Quién es Lucía?
g. ¿Te gusta hablar español?

1. Está muy buena.
2. Porque es más emocionante.
3. No, tengo mal recuerdo de él.
4. La chica que lleva el pasaporte en la mano.
5. Sí, pero hablo muy mal.
6. Preciosa, me gusta mucho.
7. Sí, claro, es un buen guitarrista.

¿Cuál es la pregunta?

4. Escribe la pregunta correspondiente.

a. ¿..? Sí, mucho, me encanta.
b. ¿..? Para protegerme la piel del sol.
c. ¿..? Porque son más rápidos.
d. ¿..? Sí, soy yo, dígame.
e. ¿..? Llamo para reservar una habitación individual.
f. ¿..? Para practicar español.

LÉXICO

Lugares y personas

1. Coloca las palabras en las columnas correspondientes.

- la sauna
- el restaurante
- el control de policía
- el bar
- el/la guía turístico/a
- el/la recepcionista
- la habitación doble
- la llave
- la piscina
- el/la taxista
- las tiendas
- la reserva
- la tarjeta de embarque
- el pasaporte
- el/la auxiliar de vuelo
- el/la piloto

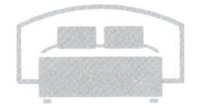

En el hotel	En el aeropuerto	Profesiones

De viaje

2. Completa las frases con palabras del ejercicio anterior.

a. Lo que más nos gustó del hotel fue .... Era de agua salada y estaba muy limpia.
b. Como la impresora de Esteban no tiene tinta, no puede imprimir su ....
c. Buenas noches, tengo una ....: una habitación individual para esta noche.
d. En este aeropuerto hay muchas .... libres de impuestos.
e. Hace un calor horrible en esta .... Yo prefiero sudar menos.
f. La persona que conduce un avión se llama ....
g. Alejandro es muy despistado. Casi siempre se deja .... y tiene que volverse del aeropuerto a casa a por él.

¿Dónde fue?

3. Lee las frases y marca el modo de transporte.

	coche	barco	avión	autobús
a. La guía turística nos enseñó el centro histórico.	☐	☐	☐	☐
b. En el control de aduanas tienes que enseñar el documento de identidad.	☐	☐	☐	☐
c. El crucero fue fantástico. Disfrutamos todos mucho.	☐	☐	☐	☐
d. Hay mucho tráfico en la carretera. Vamos a tardar más en llegar al pueblo.	☐	☐	☐	☐
e. El capitán va a cenar esta noche con nosotros.	☐	☐	☐	☐
f. No nos gusta la comida que nos ofrecen los auxiliares de vuelo.	☐	☐	☐	☐
g. Después del accidente, el tráfico era muy lento.	☐	☐	☐	☐

¿Para qué sirven?

4. Relaciona las fotos de estos objetos con su nombre y explica para qué sirven.

a. *Las gafas de sol sirven para proteger los ojos del sol.*

1. pasaporte
2. mapa
3. gafas de sol
4. cartera
5. billetes
6. mapa
7. cargador del móvil
8. llaves del coche

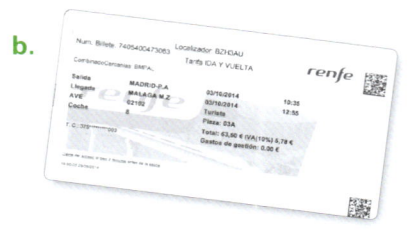

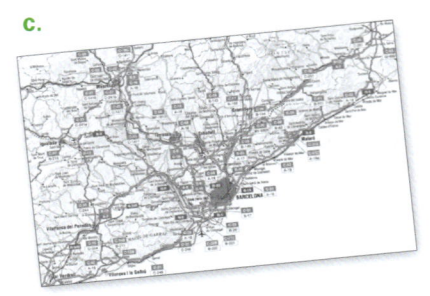

cincuenta y ocho

GRAMÁTICA

¿Bueno o malo?

1. Completa con los adverbios *bien/mal* o los adjetivos *buen/-o/-a/-os/-as* o *mal/-o/-a/-os/-as*.

a. Hoy no podemos ir a la playa, hace .... tiempo.
b. En Paraguay se come muy .... carne.
c. El hotel es agradable y la comida está .... Así que todo genial.
d. Estas bananas son .... y además están muy verdes. No las voy a comprar.
e. Tenemos .... recuerdos de esas maravillosas vacaciones en el Caribe.
f. La ducha del cuarto de baño no funciona .... Llama a recepción.
g. ¡Qué días tan .... estamos pasando después del accidente!

Para hacerlo tienes que...

2. Relaciona las dos columnas.

a. Para decidir dónde quieres viajar...
b. Para encontrar vuelos baratos...
c. Para pagar el billete...
d. Para reservar el asiento del avión...
e. Para llegar a la hora al aeropuerto...
f. Para embarcar...

1. utiliza la tarjeta de crédito.
2. habla con tus amigos y elige un lugar.
3. enseña tu tarjeta de embarque al auxiliar de vuelo.
4. toma el metro o un taxi con tiempo.
5. busca y compara precios de vuelos.
6. hazlo por Internet y reserva los asientos juntos.

¿Por qué te gusta viajar?

3. Contesta con *porque* y construye la frase.

a. ¿Por qué vais de vacaciones siempre al mismo sitio? Porque...
b. ¿Por qué no te gusta el hotel? Porque...
c. ¿Por qué viajáis en avión? Porque...
d. ¿Por qué no factura su maleta? Porque...
e. ¿Por qué no llevas tu carné de identidad? Porque...
f. ¿Por qué va al aeropuerto en metro? Porque...
g. ¿Por qué llamas por teléfono al restaurante? Porque...

¿Quiénes lo hacen?

4. Escribe las preguntas que corresponden a estas respuestas usando *quién/quiénes*.

a. Las personas que más viajan son las de las grandes ciudades.
b. Nosotros, nosotros vamos al concierto.
c. Los niños no comen en casa.
d. No ha llamado nadie a la agencia de viajes.
e. Soy el director del colegio.
f. Él gana el campeonato todos los años.
g. Estas señoras son trabajadoras de la estación.

cincuenta y nueve 59

Las personas que viajan son abiertas

5. Forma oraciones de relativo con estas palabras, como en el ejemplo.

Los extranjeros son sobre todo franceses y alemanes (venir a este sitio)
Los extranjeros que vienen a este sitio son sobre todo franceses y alemanes.

a. Las actividades son todas muy caras (no estar incluido en el viaje)
....

b. Esta excursión es muy bonita (recomendar, tú)
....

c. Prefiero alojarme en hoteles rurales (no estar llenos de turistas)
....

d. Los turistas compran comida rápida (ser más barata)
....

e. La visita guiada al palacio es gratis (tener lugar el domingo)
....

f. La gente de los pueblos de los Pirineos es simpática (trabajar en bares y restaurantes)
....

COMPRENSIÓN AUDITIVA

Por teléfono 24

A. Escucha las 4 llamadas telefónicas y di en cuál...

a. se llama a un restaurante.   **Diálogo** ☐
b. se llama a un amigo.   **Diálogo** ☐
c. se llama a un hotel.   **Diálogo** ☐
d. se llama a una línea aérea.   **Diálogo** ☐

60 sesenta

B. ¿Qué pasa?

a. ¿Qué problema tiene la persona que llama en la primera llamada? ¿Cómo lo van a solucionar?
b. ¿Qué quiere la persona que llama en segundo lugar?
c. ¿Qué le pasa a la tercera persona?
d. ¿Y a la cuarta?

C. En el diálogo...

a. ... primero, ¿cuántas habitaciones quiere reservar la persona que llama y para qué días?
b. ... segundo, ¿para cuántas personas quiere la mesa la persona que llama y para qué día?
c. ... tercero, ¿adónde viaja la persona que llama?
d. ... cuarto, ¿qué número de teléfono se dice?

COMPRENSIÓN LECTORA

¿Qué sabes de Uruguay?

Lee y contesta las preguntas.

Uruguay es un país de América del Sur, situado en la parte oriental del Cono Sur americano. Su capital es Montevideo.
Uruguay es calidad de vida, tradiciones, fútbol, mate, tortas fritas y muchas cosas más.

El mate es una bebida tipo infusión heredada de los indios guaraníes. No solo en Uruguay se toma mate, sino también en Paraguay, Argentina, Chile, Bolivia y el sur de Brasil. Esta bebida es estimulante y tiene una acción antioxidante beneficiosa para el organismo.

Ir a comer un asado con los amigos y familiares tiene una función social. La carne es para los uruguayos la principal fuente de proteínas y de riqueza del país.

Jugar al fútbol es el deporte más popular en Uruguay. En muchos lugares hay espacios dedicados a jugar a la pelota, deporte que practican todos los niños.

El mate

Comer tortas fritas cuando llueve es muy común aunque no se sabe por qué. Es probable que en el campo los días de lluvia no podían trabajar y se quedaban en la cocina haciendo tortitas. Para hacerlas hay que mezclar harina, grasa, agua caliente y sal. Amasar, freír y… ¡a comer!

El gaucho es una figura importante dentro del folklore nacional, ya que simboliza la libertad y la individualidad. Es el hombre del campo que trabaja con el ganado (animales). Monta muy bien a caballo y siempre va acompañado de él.

Un gaucho

Un asado

Montevideo

a. ¿Dónde está Uruguay?
b. ¿Cuál es la capital de Uruguay?
c. ¿Qué es el mate?
   1. ☐ Una comida
   2. ☐ Una bebida
   3. ☐ Un postre
d. ¿Cuál es la principal fuente de proteínas para los uruguayos?
e. Di otra forma de llamar *jugar al fútbol*.
f. ¿Qué comen los días de lluvia?
g. ¿Qué es un gaucho?
   1. ☐ Un caballo
   2. ☐ Un animal
   3. ☐ Un campesino

PRONUNCIACIÓN Y ORTOGRAFÍA

1. *Ch, ll, cc*

a. Escucha y repite las palabras.

- a. coche
- b. sillón
- c. acción
- d. chocolate
- e. llave
- f. accidente
- g. gaucho
- h. calle
- i. diccionario

b. Escucha y di qué palabras contienen cada sonido.

	ch	ll	cc
a.			
b.			
c.			
d.			
e.			
f.			
g.			
h.			
i.			

c. Añade *ch, ll,* o *cc* y descubre la palabra.

- a. Me gusta mucho el _ _ orizo picante.
- b. Sevi _ _a es una de las ciudades más bonitas de España.
- c. A David le encanta la película *Atra _ _ión Criminal*.
- d. Esta playa es una maravi _ _ a.
- e. A mi amiga le atrae la aventura y la a _ _ión.
- f. Su _ _ aqueta es azul y negra.
- g. Van de vacaciones a Palma de Ma _ _orca.

d. Ahora, escucha esas palabras, repítelas y escríbelas.

- a. ....
- b. ....
- c. ....
- d. ....
- e. ....
- f. ....
- g. ....
- h. ....

sesenta y tres

AUTOEVALUACIÓN

Portfolio: evalúa tus conocimientos

Después de las unidades 7 y 8

Fecha: ....

Nivel alcanzado

Insuficiente | Suficiente | Bueno | Muy bueno

💬 COMUNICACIÓN

Soy capaz de hacer la compra, cocinar y pedir en un restaurante
Escribe las expresiones:

Soy capaz de pedir y ofrecer un favor
Escribe las expresiones:

Soy capaz de ir de compras
Escribe las expresiones:

Soy capaz de hablar por teléfono y hacer una reserva en un hotel
Escribe las expresiones

✏️ GRAMÁTICA

Puedo utilizar los adjetivos y pronombres demostrativos
Escribe algunos ejemplos:

Puedo utilizar verbos irregulares con diptongo en presente
Escribe algunos ejemplos:

Puedo conjugar los verbos en imperativo afirmativo
Escribe algunos ejemplos:

Puedo utilizar algunos verbos irregulares en imperativo afirmativo
Escribe algunos ejemplos:

Puedo utilizar los adjetivos *buen/bueno* y *mal/malo* y los adverbios *bien/mal* y *muy/mucho*
Escribe algunos ejemplos:

Puedo explicar la causa con *porque* y expresar la finalidad con *para que*
Escribe algunos ejemplos:

📁 LÉXICO

Conozco los nombres de los alimentos y de los platos
Escribe las palabras que recuerdas:

Conozco los pesos y recipientes
Escribe las palabras que recuerdas:

Conozco los nombres de los transportes y de las profesiones del turismo
Escribe las palabras que recuerdas: